예수님은
나의 왕이십니다!

KB217007

햇살콩 김나단×김연선

규장

하나님을 삶의 주인으로

모시기 원하는

그분의 사랑받는 자녀,

_____ 님께 드립니다.

예수님은 나의 왕이십니다!
당신의 사랑받는 자녀로 살아가며
주님을 찬양하고 예배하겠습니다.

하나님께 가까이함이
내게 복이라

시편 73:28

하나님을 가까이함이
가장 큰 '복'입니다.
《햇살콩 에나왕 365》는
매일의 삶 가운데
하나님을 가까이하며
그분의 말씀을 묵상하는
좋은 도구가 될 것입니다.

하루 한 장씩 넘기며
"예수님은 내 삶의 주인이시며
나의 왕이십니다"라고
마음과 삶으로 고백하게 되기를
온 맘 다해 축복합니다.

햇살콩 김나단×김연선

12. 30

사랑하는 주님,
돌아보니 은혜입니다.
돌아보니 감사입니다.

햇살콩 예나왕
365

매일 말씀으로 네 삶의 주인인
나와 동행하렴!

January

12. 29

내 사랑아,
분주함으로 분별력을 잃지 말고
오늘도 내 말에 귀를 기울이렴.

12. 28

시험에 들지 않게 깨어 기도하라
마음에는 원이로되 육신이 약하도다

마태복음 26:41

기도하는 자는
근심하지 않고 기대한다.
신실하신 주님의 일하심을
인내함으로 기다린다.

12. 27

창조주 하나님 앞에 서면,
우리를 위해 주님이 어떤 일까지 감당하셨는지
십자가의 다함없는 사랑을 깨닫게 됩니다.

내 사랑아,
아무리 힘든 상황일지라도
끊어지지 않는 내 사랑을 붙든다면
어떤 시험도 넉넉히 이길 수 있단다.

12. 26

우리 삶에

하나님보다 더 중요한건 없습니다

그 무엇도 주님보다 우선이 되면 안됩니다

다 경험해본 것처럼
다 할 수 있을 것처럼
말하고 행동하지 않겠습니다.
스스로 지혜 있는 척하지 않겠습니다.

12. 25

Merry Christmas!

"자기 백성을 죄에서 구원할 자"
오늘, 예수님 탄생을 찬양합니다!

내 사랑아,
반복해서 짓는 죄가 있다면
그 죄에서 돌이키도록
죄에 민감하도록 기도하렴.

그리스도인의 힘과 능력은
기도로부터 공급됩니다.

게으른 자는 마음으로 원하여도 얻지 못하나

부지런한 자의 마음은 풍족함을 얻느니라

잠언 13:4

12. 23

화려하거나 유명하지 않아도
내 평생을 다해
선하신 주님의 이름을 노래하겠습니다

어디서 무엇을 하든지
예수님의 자리를 빼앗지 않고
오직 예수님만 드러내겠습니다!

나를 사랑하는 자들이 나의 사랑을 입으며

나를 간절히 찾는 자가 나를 만날 것이니라

잠언 8:17

01. 08

고민을 움켜쥐고 있으면
날마다 불안하지만,
모든 상황을 주님께 올려드리면
우리는 그분 안에서
두려움과 근심으로부터 자유해집니다.

주린 자의 헐벗음을 외면하지 않고
더 많이 품고 더 많이 흘려보낼 수 있는
넉넉한 마음을 주소서!

01. 09

슬픈 일, 낙심되는 일을 만나도
기도의 끈을 결코 놓지 마십시오

JESUS MY KING

12. 20

우리가 작은 순종의 걸음을 내딛을 때,
하나님께서 준비하신 멋진 일을
우리 앞에 펼치신다

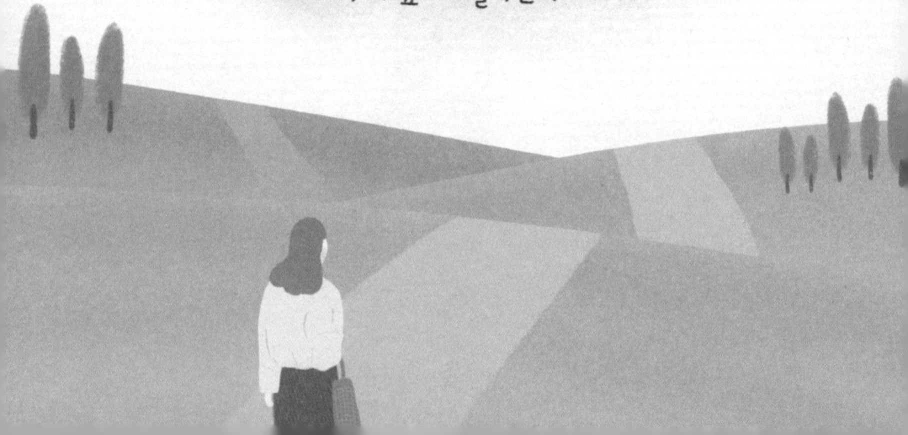

오늘, 영혼의 눈과 귀를 열어
말씀을 바로 깨닫고
기꺼이 순종하게 하소서!

사랑의 실천에는 희생이 따르지만
사랑 없는 그리스도인의 삶은
껍데기일 뿐임을 기억하십시오.

하나님께 귀히 쓰임 받으려면
무엇보다 마음을 깨끗이 해야 합니다.

내가 주님을 먼저 믿은 사실이
복음 전파에 장애가 되는지
혹은 힘이 되는지 돌아보길 원합니다.

우리가 그 안에서 그를 믿음으로 말미암아
담대함과 확신을 가지고 하나님께 나아감을 얻느니라

에베소서 3:12

12. 17

나를 위해 이 땅에 오셔서
자기를 희생하시면서까지 보여주신
예수님의 '다함없는 사랑'을 묵상하며
성탄을 기다립니다.

01. 13

주님 다시 오심을 기다리며
힘써 모이고, 힘써 선한 일을 하며
힘써 사랑하게 하소서!

하나님의 말씀과 기도로 거룩하여짐이라

디모데전서 4:5

내 사랑아,
오늘 네가 만나는 사람들을
그리스도의 사랑으로 품어주고 먼저 섬기렴.

우리가 예수 그리스도를 알고 믿으며
아바 아버지라 부를 수 있는 건
주님의 전적인 은혜입니다

하나님을 의뢰하십시오.
하나님이 어떤 분이신지 깊이 알아갈수록
그분의 크신 능력을 경험하게 될 것입니다.

내가 먼저 믿은 것은,
자랑하고 기득권을 지키기 위함이 아닙니다.
더 낮은 자세로 섬기며
그리스도의 사랑을 실천하기 위함입니다.

신앙의 갈등과 무너짐으로 인해
고민하는 당신에게
하나님의 말씀이 위로와 힘이 되기를 원합니다.

12. 13

기도의 초점을 잃지 않기 위해서는
기도를 받으실 하나님이 어떤 분인지
말씀을 통해 먼저 아는 게 중요합니다.

내 사랑아,
다른 이를 쉽게 판단하고
비난하지 말아라

내 사랑아,
비교와 경쟁으로 황폐해진 네 마음에
참 평안을 선물로 주길 원한단다.

주께서 너희 마음을 인도하여
하나님의 사랑과 그리스도의 인내에
들어가게 하시기를 원하노라

데살로니가후서 3:5

하나님의 말씀은 다 순전하며

하나님은 그를 의지하는 자의 방패시니라

잠언 30:5

훗날 제 인생을 요약했을 때,
오직 예수 그리스도를 사랑한 흔적과
주님의 귀하신 말씀만 남게 하소서!

JESUS MY KING

12. 10

그리스도인은
세상에서 여러 시험으로 넘어지더라도
끊임없이 예배의 자리로 나아와
하나님의 생명을 경험하는 사람입니다.

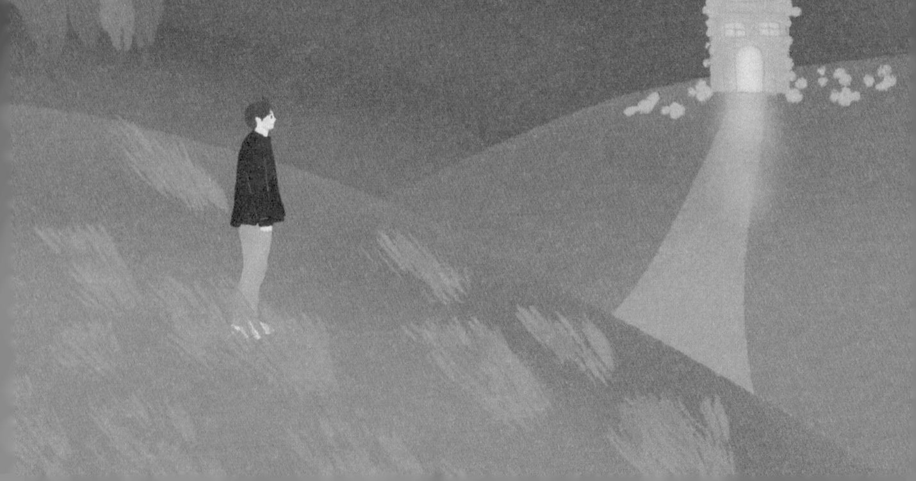

하나님이 선하시다는 성경의 진리와
현실의 경험이 충돌할 때,
오직 하나님의 말씀만 기억하십시오.

12. 09

지금도 여전히 하나님은
기도하는 자를 존귀히 여기시고,
기도의 사람을 항상 높이십니다.

01. 21

생명의 길, 사랑의 길에서 멀어졌나요?
다시 그리스도께로,
다시 복음 앞으로 나아가십시오.

12. 08

하나님의 계획과
하나님의 때를 신뢰할 수 있는
믿음의 눈을 허락하소서!

내 사랑아,
날마다 귀를 열고 마음을 열어
겸손히 내 목소리에 귀를 기울이렴!

끊임없는 하나님과의 만남으로
침체와 절망의 늪에서 빠져나와
구원의 하나님을 노래하길 축복합니다.

JESUS

우리의 일상과 맡기신 사역에
하나님께서 함께하십니다

12. 06

하나님,
우리를 괴롭히고 시험하는
모든 것을 끊어주옵소서!

01. 24

하나님이 우리에게 주신 것은
두려워하는 마음이 아니요
오직 능력과 사랑과
절제하는 마음이니

디모데후서 1:7

그를 향하여 우리가 가진 바 담대함이 이것이니

그의 뜻대로 무엇을 구하면 들으심이라

요한일서 5:14

01. 25

비교는 하나님께서 사랑으로 창조하신
나의 유일한 가치를 평가 절하시키며
하나님 자녀로서의 정체성도
희미하게 만들어버립니다.

12. 04

이 땅에서 하나님을 대적하는
악인들이 더 잘살고 번성하더라도
부러워하지 마십시오.
당신은 이곳의 삶을 마치면 하나님의 자녀로
영원한 나라를 상속받기 때문입니다.

끊임없는 하나님과의 일대일 교제와
촘촘한 그분과의 대화가
우리가 회복되고, 채움 받고,
다시 일어서는 방법임을 기억하십시오.

12. 03

눈에 보이지는 않지만
말씀과 기도로 그분과 동행하는
'하나님 앞에서의 삶'을 살아가십시오.

01. 27

돈, 명예, 스펙 등
눈에 보이는 것을 얼마나 소유했는지가
우리의 가치를 정의하는 듯하지만,
그리스도인은 오직 예수 그리스도께
가치를 두는 사람입니다.

12. 02

실망과 절망으로
믿음의 길에서 미끄러질 뻔했나요?
그럴수록 우리는 예배해야 합니다.
예수 그리스도의 십자가 앞으로
나아가야 합니다.

01. 28

청년의 때는
공부만 하고 스펙만을 위해
달려가는 시기가 아니라
하나님을 만나기 참 좋은 시기입니다.
하나님 중심의 삶을
살아가기 위해 몸부림치십시오.

JESUS MY KING

12. 01

내 사랑아,
네 일상을 예배의 자리로
기도의 처소로 삼으렴

01. 29

주님,
눈물 가득한 이 땅을
긍휼히 여기사 새롭게 해주세요

매일 말씀으로 네 삶의 주인인
나와 동행하렴!

12

December

JESUS MY KING

01. 30

내가 산을 향하여 눈을 들리라
나의 도움이 어디서 올까
나의 도움은 천지를 지으신 여호와에게서로다

시편 121:1,2

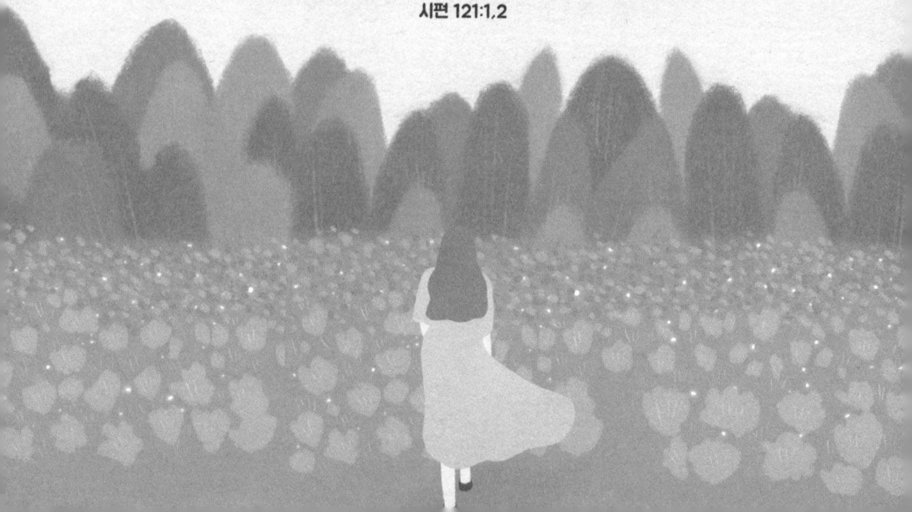

다른 이에게
줄 수 있는 최고의 위로는
그가 하나님을 바라볼수 있도록
도와주는 것이다

01. 31

서로를 격려해요.
오늘, 기도와 응원이 필요한
이들을 떠올리며
지치지 않고 힘낼 수 있도록 기도해요.

너는 내일 일을 자랑하지 말라

하루 동안에 무슨 일이 일어날는지

네가 알 수 없음이니라

잠언 27:1

햇살콩 예나왕
365

매일 말씀으로 네 삶의 주인인
나와 동행하렴!

2

February

11. 28

회개하지 않은
죄의 결과는 사망입니다.
이 말씀 앞에
우리가 고백해야 할 죄는 무엇입니까?

02. 01

사단은 우리가
하나님의 말씀과 기도로
거룩해지는 걸 두려워합니다

11. 27

나의 믿음, 소망, 사랑이

시간이 지날수록

깊어지고 성장하기를 기도합니다

ALWAYS BE WITH YOU♡

02. 02

하나님은 우리에게 돌이킬 기회를 주십니다.
그분의 끝없는 사랑이 우리를 포기하지 않습니다.

제게 허락하신 은사를
다른 사람과 비교하지 않고
사랑으로 사용하게 하소서!

하나님이 원하시는 '남은 자'로서
이 시대 어둠 가운데 빛을 밝히 비추는
주님의 자녀로 살게 하소서!

11. 25

오직 주 예수 그리스도의 십자가와
하나님의 은혜를 자랑하라

올 한 해도
예수 그리스도를 왕으로 섬기는
가정과 교회가 되게 하소서!

마지막 날까지
주께서 맡기신 일을
충성스럽게 감당하는
지혜로운 종이 되게 하소서.

그런즉 너희는 먼저 그의 나라와 그의 의를 구하라

그리하면 이 모든 것을 너희에게 더하시리라

마태복음 6:33

내 사랑하는 형제들아 견실하며 흔들리지 말고

항상 주의 일에 더욱 힘쓰는 자들이 되라

이는 너희 수고가 주 안에서

헛되지 않은 줄 앎이라

고린도전서 15:58

사랑하는 주님,
예수님 한 분만으로
충분하고 넉넉한 삶이 되게 해주세요.

11. 22

우리 가정과 교회에
하나님의 말씀을 통해
영혼이 살아나고 변화되는
역사가 일어나게 하소서!

지금까지 인도하신 하나님
당장 눈앞에 놓인 어려움과 고난도
하나님께 맡기고 기도합니다

11. 21

거짓말하고 싶은 유혹과
자신을 포장하고 싶은 욕심으로
하나님 앞에 정직하지 못한 삶을
살지 않도록 늘 주의해야 합니다.

02. 08

하나님,
나는 당신의 것입니다.
내 삶을 통해 영광 받으소서!

재물과 하나님을 함께 섬길 수 없습니다.
천국 백성은 보물을 땅에 쌓지 말고
하늘에 쌓아야 합니다.

02. 09

오늘 당신이 무엇을 하든 겸손히
하나님의 이름,
하나님의 영광을 위해 하십시오.

복음을 전하는 일에
입술을 열어 외치게 하시고,
복음을 위한 핍박과 박해에는
주님의 뜻을 구하며 견뎌낼 힘을 주소서.

나는 마음이 온유하고 겸손하니
나의 멍에를 메고 내게 배우라
그리하면 너희 마음이 쉼을 얻으리니

마태복음 11:29

신앙과 경건을 도구로 삼아
자신의 이익을 도모하지 마십시오

나의 사랑아,
나의 기쁨아,
네 모든 걸음
항상 함께한다.

11. 17

너는 청년의 때에 너의 창조주를 기억하라

전도서 12:1

02. 12

우리의 하루하루는 사라지는 것이 아닌
주님 앞에 한 겹 한 겹 쌓여가는 것임을
기억하며 살아가십시오.

그리스도의 사랑으로
경청하고 공감하고 기도하는 사람,
노하기보다 인내하기 위해 애쓰는 사람,
오늘 제 모습이기를 기도합니다.

주님, 세상이 많이 아파요
주님의 손길로 만져주시고 치료해주세요

JESUS MY KING

11. 15

일상이 계획대로 흘러가는 것에
도취되어 기뻐하기보다는
내 계획이 하나님의 뜻에 합한지를 묻고
그분의 뜻을 따라 살아가기를
기뻐하십시오.

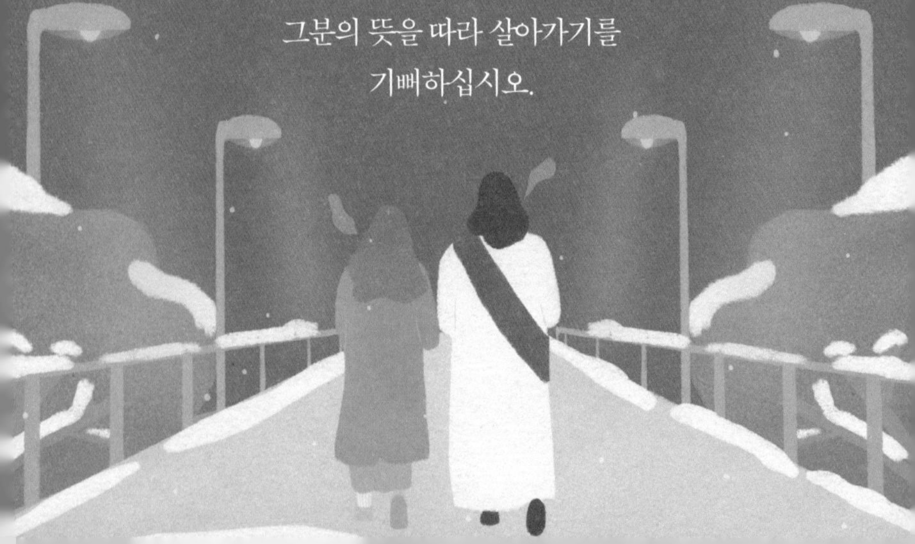

02. 14

겉으론 선하고 선망받는 삶을 살아도
그 속이 검고 악하다면
옳은 믿음과 신앙이 아닙니다.

우리 삶의 조각들은
그리스도의 사랑안에 거할 때
아름다운 보석으로 다듬어져 갑니다

내 몸과 영혼의
고통과 상함을 아시는
주님의 따뜻한 치유의 손길을 기다립니다.

11. 13

하나님은 실수가 많고 연약한 우리를
그분의 은혜로 감싸주십니다.
우리도 연약한 지체를
같은 마음으로 품어야 합니다.

02. 16

여호와께서 자기 백성에게 힘을 주심이여

여호와께서 자기 백성에게 평강의 복을 주시리로다

시편 29:11

11. 12

제가 주님 앞에
목이 곧은 자가 되지 않게 하시고,
매일 주님 앞에 엎드려
기도하는 자가 되게 하소서.

02. 17

하나님은 우리의 부르짖음을 들으시고
든든히 붙들어 주시는 분입니다.
문제보다 크신 그분을 의지하십시오.

JESUS MY KING
11. 11

하나님은 무질서의 하나님이 아니시요
오직 화평의 하나님이시니라

고린도전서 14:33

02. 18

내 삶 속 행동과
말의 모습을 잘 살펴보면
영적인 상태를 알 수 있습니다.

날마다 말씀을 묵상하면
선한 말과 행동이
나타날 것입니다.

열심히 구했는데도 받지 못했다면
그것이 내게 유익이 되지 않기 때문입니다.
내가 원하는 것보다 내게 필요한 것을 주시도록
아버지께 기도하십시오.

02. 19

제가 그리는 그림보다
훨씬 더 멋진 그림을 그리시고
함께할 동역자를 보내주시는 주님,
감사와 영광을 올려드립니다.

11. 09

내 입술의 주인은
내가 아니라 주님이십니다.

내 뜻과 생각대로 말하지 않고
주님이 바라시는 온유하고 선한 말로
고백하는 입술이 되기를 원합니다.

JESUS MY KING

02. 20

하나님을 늘 생각하십시오
그분에게서 힘을 얻으십시오

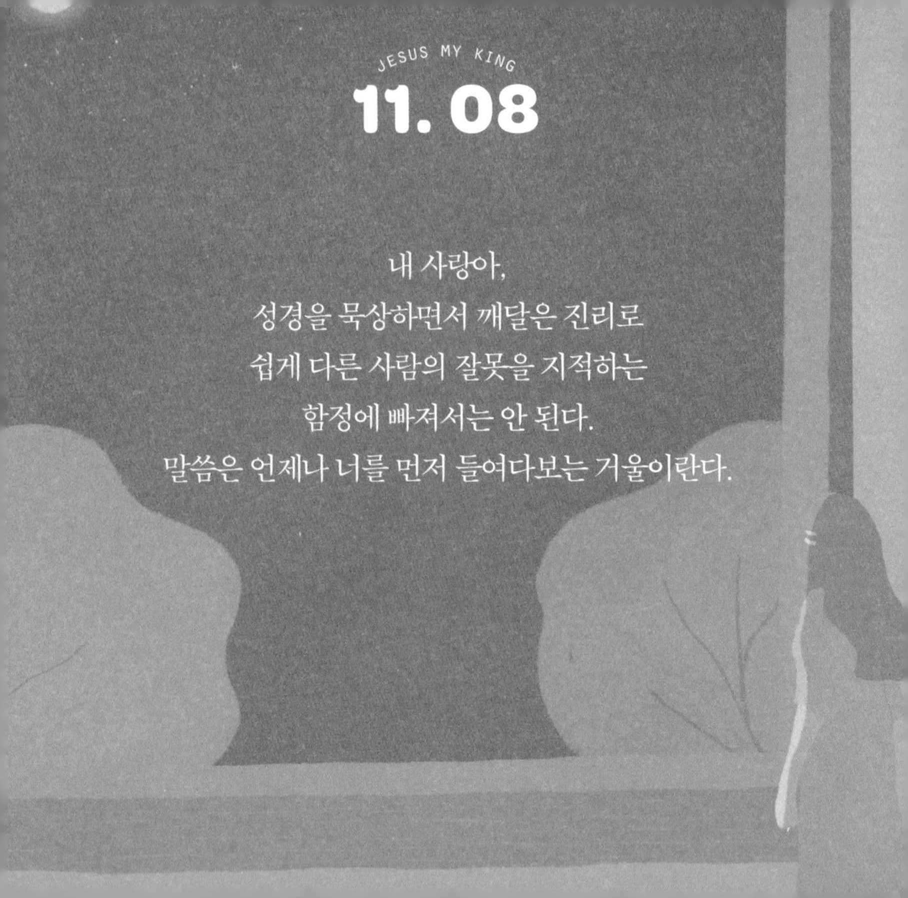

JESUS MY KING

11. 08

내 사랑아,
성경을 묵상하면서 깨달은 진리로
쉽게 다른 사람의 잘못을 지적하는
함정에 빠져서는 안 된다.
말씀은 언제나 너를 먼저 들여다보는 거울이란다.

하나님은
남에게 보이려는 외식을 미워하십니다.
그분은 우리의 마음을 보십니다.

11. 07

재물을 나를 위해 쌓아두는 건
돈을 섬기는 것입니다.
반면 하나님의 뜻에 따라 사용하는 건
하나님을 섬기는 것입니다.
우리의 주인은 돈이 아니라 하나님이심을 기억하십시오.

너는 내게 부르짖으라 내가 네게 응답하겠고

네가 알지 못하는 크고 은밀한 일을 네게 보이리라

예레미야 33:3

제 안에 자리한 욕심들을
성령의 불로 하나하나 태워주시고,
그 자리에 하나님을 향한 사랑과 감사를
가득 채워주세요.

우리를 부르신
하나님의 목적과 소명을 늘 기억하며
변질되지 않도록 주의하십시오.

나의 환난 날에 내가 주께 부르짖으리니

주께서 내게 응답하시리이다

시편 86:7

02. 24

교회 문턱만 넘는 신앙이 아니라,

세상 것에 취해 사는 것이 아니라,

오직 성령에 취한 삶 살아가기를 소망합니다

11. 04

제게 주어진 것으로
교만하지 않게 하소서!
시간, 재능, 지혜 모두
하나님에게서 왔음을 고백합니다

예수님처럼
기도가 당신의 습관이 되게 하십시오.
기도로 당신의 뜻을
하나님의 뜻에 맞춰가십시오.

11. 03

무엇을 염려합니까?
하나님이 공중의 새와 들의 백합화까지
먹이시고 입히시는데
하물며 하나님의 형상대로 지음 받은
당신은 어떻겠습니까?

02. 26

크리스천은
예수 그리스도 안에서
믿음과 영혼이 자라가야 합니다.
크리스천의 방향성은 '성장'에 있습니다.

11. 02

작은 선행을 행하고
사람들의 인정과 칭찬을 받지 못해
아쉬워하지 마십시오.

그 동기와 목적과 가치를
하나님께만 두십시오.

아무도 보지 않을 때
하나님 앞에서 가장 정직하고
부끄럼 없는 삶을 살아야 합니다.

내 사랑아,
네 삶에 신앙의 우선순위를
날마다 점검하는 지혜와
은혜가 있기를 축복한단다.

02. 28

내 육체와 마음은 쇠약하나

하나님은 내 마음의 반석이시요

영원한 분깃이시라

시편 73:26

햇살콩 예나왕
365

매일 말씀으로 네 삶의 주인인
나와 동행하렴!

11

November

02. 29

✝

우리가 전적으로 의지할 대상은
오직 하나님이십니다!

JESUS MY KING

10. 31

모든 걸 주님이 주셨다고
고백하면서도 내 손에 움켜쥐려는
어리석음에서 벗어나길 기도합니다

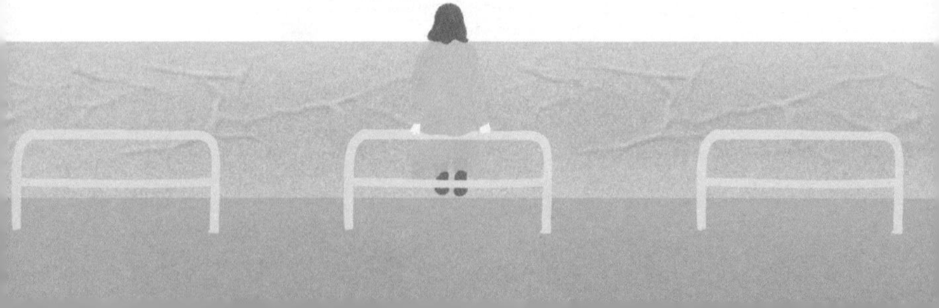

햇살콩 예나왕
365

매일 말씀으로 네 삶의 주인인
나와 동행하렴!

3

March

구원은 오직 여호와 하나님께 있기에
암담한 상황에 묶인 시선을
그분께로 돌려야 합니다.

03. 01

오직 예수그리스도 안에서
고민이 해결되고 다시 일어서는
회복의 여정이 시작됩니다

JESUS MY KING

10. 29

주께서 심지가 견고한 자를
평강하고 평강하도록 지키시리니
이는 그가 주를 신뢰함이니이다

이사야 26:3

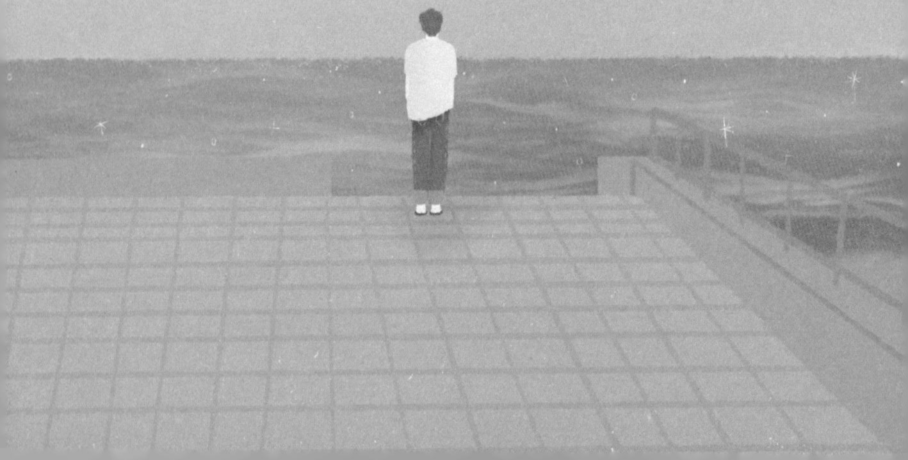

누구든지 무너질 수 있습니다.
낙심하여 눈물 흘릴 수 있습니다.
잊지 말아야 할 건,
절망의 자리에서 우리의 주인이신
하나님을 붙드는 것입니다.

10. 28

내 사랑아,
나의 섭리와 시간표를 따르렴.
바쁠수록 네 생각대로 움직이기보다
잠잠히 내 앞에서 시간을 가져라.

03. 03

오직 예수!
죽은 자 가운데서 부활하신
예수님의 이름 아닌 어떤 이름으로도
구원을 얻을 수 없습니다.

10. 27

오늘,
당신에게 하나님은 어떤 분이신지
그분이 어떤 은혜를 베푸셨는지
입술과 마음과 삶으로 노래하십시오.

그리스도께서는 내 죄를 위해
자신의 몸을 내어주셨습니다.
내가 가는 곳마다
그분의 영광이 선포되길 기도합니다.

10. 26

하나님의 다함없는 사랑에
제 상처가 아물고
그분의 희생적인 사랑에
제 모든 죄가 사해졌습니다.
십자가, 그 사랑을 찬양합니다.

03. 05

사단의 통치에 끌려가지 않고
하나님의 통치를 따라 사는
하루가 되게 해주세요.

주님께서 함께하시면
아무것도 두렵지 않습니다
방패 되시는 주님, 저를 붙들어 주세요!

JESUS MY KING

03. 06

내가 평안히 눕고 자기도 하리니

나를 안전히 살게 하시는 이는

오직 여호와이시니이다

시편 4:8

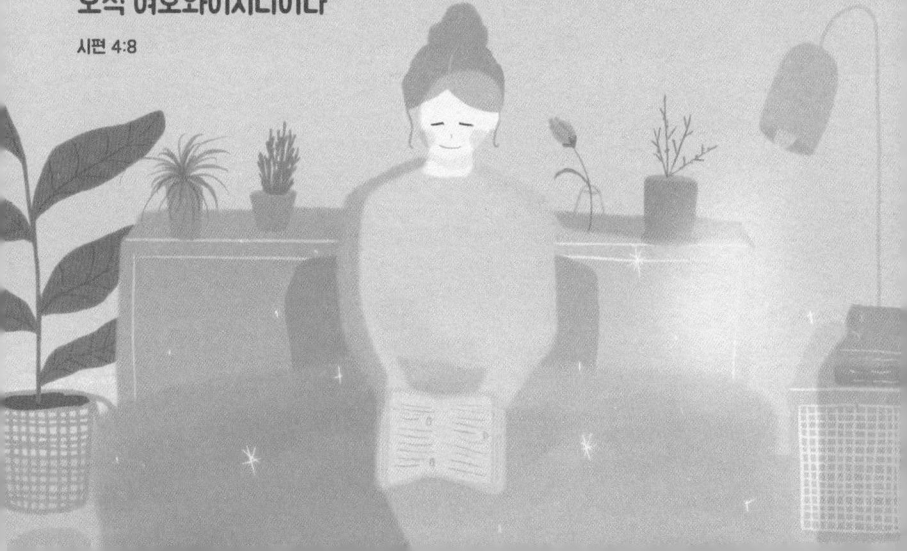

10. 24

그리스도인은
들고 보는 대로 사는 사람이 아니라
성경이 보여주는 등불과 빛을 따라
사는 사람입니다.

03. 07

주님을 구주로, 인생의 주인으로 모시고
십자가 앞에 짐을 내려놓으십시오

내일 일을 위하여 염려하지 말라

내일 일은 내일이 염려할 것이요

한 날의 괴로움은 그날로 족하니라

마태복음 6:34

하나님,
제가 드리는 예배의 순간마다
지체들과 모이는 자리마다
성령님의 기름부으심과
깊은 교제가 있길 기도합니다.

내 사랑아,
네 욕구를 채우기 위한 수단으로
사람을 이용해서는 안 된단다.

03. 09

내 사랑아,
나는 네 마음 깊은 곳에서 우러나오는
감사와 찬양과 영광을 받길 원한단다.

영적 전쟁에서
하나님을 얼마나 신뢰하는지가 중요합니다.
그분이 함께하심을 믿고 담대하십시오.

오늘도 우리
한 사람 한 사람을 향한
여호와 이레!
여호와 닛시!
여호와 샬롬!

10. 20

역사의 주관자는 하나님이십니다.
우리는 그분의 도구로서
하나님나라 확장을 위해
달란트를 사용해야 합니다.

03. 11

내 사랑아,
다른 사람을 오해하거나 비판하지 말고
그를 위해 기도하고 축복하는
내 자녀로 살아가렴.

10. 19

주님,
제가 가진 것으로
자랑하거나 교만하지 않게 하시고
연약한 이들과 나눌 수 있는
넉넉한 마음을 주소서!

그러므로 믿음은 들음에서 나며

들음은 그리스도의 말씀으로 말미암았느니라

로마서 10:17

JESUS MY KING

10. 18

아픔, 두려움, 배신감, 외로움을
주님께 아뢰는 것이
우리가 해야 할 일입니다

하나님은 그리스도인들이
같은 마음으로 하나가 되어
이 땅에 하나님나라를 이뤄가길 원하십니다.

예수께서 이르시되
내가 곧 길이요 진리요 생명이니
나로 말미암지 않고는
아버지께로 올 자가 없느니라

요한복음 14:6

우리의 삶과 사역은
하나님과의 교제 없이는
아무 의미가 없습니다

10. 16

사람의 평가가 아닌
하나님의 평가에 귀를 기울입니다.
오직 하나님이 주님이심을 증거하는 것에
초점을 맞춥니다.

03. 15

어떤 상황에서도
어떤 절망 속에서도
하나님을 찬양합니다.

하나님만이
모든 걸 하실 수 있습니다.
하나님과의 올바른 관계가
문제를 해결하는 열쇠입니다.

03. 16

죄와 욕심, 미움과 쾌락으로
마음이 둔해진 우리에게
분별의 영을 허락하시고
세상에서 소금의 맛을 잃지 않게 하소서!

10. 14

말씀을 멀리할수록
세상의 소리가 크게 들리며
비본질적인 우상에
시간과 마음을 쏟게 됩니다.

03. 17

하나님의 일하심을 기대할 때는
의심하거나 염려하지 말고
기쁨과 감사의 마음으로 기다리십시오.

하나님께서 주목하시는 건
겉모습이 아니라 중심입니다.

인내를 온전히 이루라

이는 너희로 온전하고 구비하여

조금도 부족함이 없게 하려 함이라

야고보서 1:4

하나님의 사랑이
우릴 통해 다른 이에게 흘러가야 합니다.
우리 안에 머물러서는 안 됩니다.

03. 19

하나님이 내 삶을 통해
가장 완벽한 방법으로 일하실 것입니다!

여호와는 나의 목자시니
내게 부족함이 없으리로다

시편 23:1

갑작스러운 상황에 마음이 무너질 때,
세상은 절망하는 내 모습에 집중하지만
하나님은 내 상한 심령에 집중하십니다.
주님의 품은 언제나
날 위해 활짝 열려있습니다.

JESUS MY KING

10. 10

하나님을 떠나서는
진정한 만족을 결코 얻을 수 없습니다.

03. 21

하나님의 말씀은
역사 속 잠든 이야기가 아니다.
지금 이곳에서도
주님의 말씀은 살아 역사하신다.

내 사랑아,
나는 졸지도 쉬지도 않고
변함없이 너를 지키고
사랑한단다

오늘, 말씀 앞에 섭니다.
하나님과 멀어지게 하는
내 안의 악하고 게으른 습관을
과감히 끊어내도록 도와주세요.

10. 08

주님,
제 삶이 축복의 통로가 되어
만나는 이들에게
선한 영향력을 미치도록 도와주세요.

03. 23

이 시대 유행이라고
핑계 대거나 타협하지 않겠습니다.
날마다 악과 싸우며
어려운 환경에서도 믿음을 지키겠습니다.

아무리 분주해도
하나님 앞에서 보내는
조용한 시간을 따로 가지십시오.

당신의 지친 영혼에
새 힘이 공급될 것입니다.

03. 24

만일 네가 미련하여 스스로 높은 체하였거나

혹 악한 일을 도모하였거든

네 손으로 입을 막으라

잠언 30:32

하나님께서 허락하신 최고의 날!
하나님을 온 맘 다해 사랑하고
그분이 사랑하시는 것을 사랑하리라!

03. 25

오직 예수 그리스도!
나를 새롭게 하셔서
인생의 목적과 방향을 의미 있게
변화시켜주신 하나님을 찬양합니다.

너는 두려워하지 말라 내가 너를 구속하였고

내가 너를 지명하여 불렀나니

너는 내 것이라

이사야 43:1

03. 26

어둠이 가득한 이 시대에
시험에 들지 않게
깨어 기도하는 한 사람이 되십시오.

사랑하는 주님,
내 입술의 찬양과 마음의 묵상이
주께 열납되기를 원합니다!

"하나님 사랑합니다."
당신의 마음과 입술로 고백하길
온 맘 다해 축복합니다.

삶에 찾아온 고난이
결국 하나님의 일하심을 고백하는
'간증의 밑거름'이 되게 하소서!

그가 시험을 받아 고난을 당하셨은즉
시험 받는 자들을
능히 도우실 수 있느니라

히브리서 2:18

혼자 있을 때도
거룩한 그리스도인인지
돌아보고 깨닫는 은혜가
내게 있길 원합니다.

하나님은 선하십니다.
하나님은 옳으십니다.
그분은 결국 우리를
선하고 바른길로 인도하십니다.

내 사랑아,
두려워 말고 당당히 말하렴
" 나는 예수님을 믿는, 그리스도인 입니다! "

03. 30

주님,
제 짧은 경험과 좁은 이해로
주님을 판단했던 걸 용서해주세요

햇살콩 예나왕
365

매일 말씀으로 네 삶의 주인인
나와 동행하렴!

10

October

03. 31

왕이신 하나님을
'조건 없이' 사랑하고
그분의 사랑을 흘려보내십시오.

햇살콩 예나왕
365

매일 말씀으로 네 삶의 주인인
나와 동행하렴!

4

April

네 구제함을 은밀하게 하라
은밀한 중에 보시는
너의 아버지께서 갚으시리라

마태복음 6:4

JESUS MY KING

04. 01

우리를 위해 고난 받으시고
영광의 십자가를 지신
예수님을 바라봅니다

하나님께 고백해야 할 상처가 있나요?
그분의 크신 은혜와 사랑만이
상처받은 마음을 치유할 수 있습니다.

신앙은 뒤를 돌아보고
앞을 내다보는 것입니다.
하나님이 하신 일을 또렷이 기억하고
그분이 하실 일을 기대하십시오.

실패하고 넘어졌다 할지라도
하나님께 도움을 구하십시오.
실패는 하나님을 더 가까이
만날 수 있는 기회입니다.

하나님,
내 삶의 끝날까지
당신을 사랑하고 섬기겠습니다.
나를 굳게 붙들어 주세요.

09. 26

하나님 알아가기를 힘쓰고
그분의 뜻이 이루어지는 걸
기뻐하는 자가 '복'이 있습니다.

내 사랑아,
마음과 말과 행동이 일치하려면
작고 사소한 일에도 정직하렴.

09. 25

하나님은 고통 가운데
부르짖는 이에게 역사하십니다.
그분은 언제나 우리와 함께하십니다.

내 은혜가 네게 족하도다

이는 내 능력이

약한 데서 온전하여짐이라

고린도후서 12:9

하나님을 가까이하라
그리하면 너희를 가까이하시리라
죄인들아 손을 깨끗이 하라
두 마음을 품은 자들아
마음을 성결하게 하라

야고보서 4:8

믿음에서 미끄러져 신앙의 방황을 겪는
지체들의 얼굴을 떠올립니다.
그들을 위해 기도합니다.

09. 23

일확천금을 노리고
수고 없이 돈을 벌려는 생각을 버리십시오.
<u>스스로 수고하여 얻은 것으로</u>
하나님과 이웃을 섬기십시오.

믿지 않는 사람들은
성도의 사랑하는 삶을 통해
그들 가운데 계시는 하나님을 봅니다.
당신을 통해 하나님의 사랑이 전해지기를.

피해의식에 젖어 불평하고 원망하는 일이
내 성품의 일부가 되지는 않았는지 돌아봅니다

04. 08

많은 사람이 따르고 옳다고 입을 모아도,
우리는 오직 성경을 기준 삼아
올바르게 분별해야 합니다.

09. 21

어떤 상황에서도
'죄인을 의인으로 여겨주시는'
하나님의 다함없는 은혜로 인해
감사와 찬양을 고백할 수 있습니다.

04. 09

의인은 넘어져도
몇 번이고 다시 일어날 수 있습니다.
사랑하는 아버지께서 손을 잡아
일으켜주시기 때문입니다.

가정은 하나님나라 공동체의 시작입니다.
어떤 이유에서든 가정을 건강하게 세우는 일을
소홀히 해서는 안 됩니다.

04. 10

하나님은 우리의 목자이십니다
우리 삶은 그분의 지팡이와 막대기의
인도함을 받습니다

우리에게 당연히 주어진 건
아무것도 없습니다.
당신을 창조하시고 구원하신 하나님께
최선의 감사를 올려드리십시오.

오직 나는 주의 풍성한 사랑을 힘입어

주의 집에 들어가 주를 경외함으로

성전을 향하여 예배하리이다

시편 5:7

09. 18

그런즉 깨어있으라
너희는 그 날과 그 때를 알지 못하느니라

마태복음 25장 13절

하나님이 허락하신 물질과 재능을
가난한 이웃을 섬기는 데 사용하십시오.
작고 소소한 섬김일지라도
그분은 기쁨으로 받으십니다.

09. 17

인생의 시작과 끝조차
내 마음대로 할 수 없음을,
인생의 주인이 내가 아님을 깨닫습니다.

04. 13

하나님께 쓰임 받는 것보다
귀한 건 없습니다.
하나님께 순종하는 것보다
기쁜 일도 없습니다.

09. 16

우리가 자랑할 건 그분의 이름뿐입니다.
당신과 당신이 속한 공동체가
오직 구원의 하나님만 자랑하길 소망합니다.

모든 걸 주께 맡기고
그분의 뜻을 구하면,
우리의 기도를 들으시고
모든 필요를 채워주십니다.

09. 15

인간의 어떤 탁월한 지식이나 조언도
하나님의 지혜에 미칠 수 없습니다.

내 사랑아,
다른 이의 눈 속 티는 보면서
네 눈의 들보를 보지 못하는
어리석은 사람이 되지 마라.

사단과 영적 전쟁을 할 때,
신속하고 겸손하게
하나님께 달려가 엎드리십시오.

04. 16

당장 문제가 해결되지 않는다고
하나님을 의심해서는 안 됩니다.
문제 해결보다 그분과의 관계가 먼저입니다.

09. 13

상처와 열등감에서 비롯된
분노, 질투, 시기는
마음을 황폐하게 하므로 방치하면 안 됩니다.
성령과 말씀의 치유가 반드시 필요합니다.

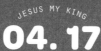

04. 17

이 시대 악한 정보와
거짓 가르침으로부터
저를 지켜낼 경건의 능력을 주소서!

09. 12

너희로 지극히 선한 것을 분별하며

또 진실하여 허물 없이 그리스도의 날까지 이르고

빌립보서 1:10

04. 18

너의 행사를 여호와께 맡기라
그리하면 네가 경영하는 것이 이루어지리라

잠언 16장 3절

09. 11

과거는 바꿀 수 없고
미래는 예측할 수 없습니다
매일 하나님과 동행하며 살아가야 합니다

04. 19

내 사랑아,
내가 너를 돕고 있단다.
오늘 네가 할 일을 게을리하지 마라.

09. 10

진실된 일상의 예배자여!
하나님을 예배하는 자로서
합당한 성품과 행동을 갖추길 축복합니다.

당신의 뾰족하고 모난 부분을
그분이 보시기에 가장 아름다운 모양으로
다듬어가실 것을 기대하십시오.

09. 09

하나님 앞에
수치를 감수하면서까지
죄를 인정하고 회개하는 자는,
불쌍히 여김과 용서를 받습니다.

04. 21

오늘이 마지막인 것처럼
주님을 전심으로 예배하며
이웃을 힘껏 사랑하겠습니다.

주님,
제가 경험한 아픔을 통해
다른 사람의 고통을 더욱 이해하고
위로하는 사람이 되길 기도합니다.

상한 갈대와 같은
우리 삶을 회복시키실
하나님을 더욱 신뢰하겠습니다.

때로는 하던 일을 멈추고
말씀 앞에 삶과 사역을
점검하는 지혜가 필요합니다.

JESUS MY KING

04. 23

하나님 아는 것을 대적하여

높아진 것을 다 무너뜨리고 모든 생각을 사로잡아

그리스도에게 복종하게 하니

고린도후서 10:5

밤이 깊고 낮이 가까웠으니
그러므로 우리가 어둠의 일을 벗고
빛의 갑옷을 입자

로마서 13:12

주님의 은혜는 제게 부족함이 없습니다
주님 한 분만으로 만족함을 누립니다

하나님과 교제의 시간을 따로 떼어놓았나요?
매일 말씀과 기도로 그분과 교제할 때,
나를 향한 하나님의 뜻을 깨달을 수 있습니다.

하나님의 집은 기도하는 집입니다.
하나님의 성전인 우리도 욕심이 아니라
예수 그리스도로 온전히 채워져야 합니다.

하나님을 따른다면서
가난한 이웃을 못 본 체하며,
부와 명예만 좇고 있다면
주님이 기뻐하지 않으실 것입니다.

내 사랑아,
환난 가운데 상황에 매몰되지 말고
내게 시선을 고정하렴.

내 구주 예수를
더욱사랑

내 사랑아,
성경적인 삶이
성공하는 삶이란다

JESUS MY KING

04.27

찬송하는 입술로 주님을 높이고
기도하는 입술로 이웃을 축복하길 원합니다.

09. 02

성경 말씀과 예수 그리스도를
다 안다는 '교만'은
영적 성장을 멈추게 합니다.

오라 우리가 굽혀 경배하며

우리를 지으신 여호와 앞에 무릎을 꿇자

시편 95:6

09. 01

참된 친구는
그릇된 길로 갈 때 바로잡아 주고
어려울 때 손을 내미는 사람입니다.
당신은 쓴소리와 위로를
모두 해줄 수 있는 친구인가요?

04. 29

성경이 삶에 얼마나 큰 힘이 되는지
경험한 사람이라면
말씀을 떠나 살 수 없습니다.

햇살콩 예나왕
365

매일 말씀으로 네 삶의 주인인
나와 동행하렴!

9

September

04. 30

여호와여,
내가 흔들림 없이 주님을 기다리고
주님 곁에 머물겠습니다.

08. 31

죄와 사망에서 우리를 건지기 위해
행하신 하나님의 열심을 기억하십시오.
그분이 베푸신 구원의 은혜에 감사하십시오.

햇살콩 예나왕
365

매일 말씀으로 네 삶의 주인인
나와 동행하렴!

5

May

08. 30

내 사랑아,
악인의 형통은 잠깐이란다.
거짓으로 이득을 취하는 자를
부러워하지 마라.

05. 01

가정의 행복은
물질의 많고 적음에 있지 않고
하나님과 서로를 사랑하는 데
달려있습니다.

08. 29

은밀하게 진행되는 음란한 일을
속일 수 있다고 착각하지만,
하나님의 눈은 한순간도 피할 수 없습니다.

무기력해진 우리의 삶과 한국교회에
성령께서 기름부으셔서
새로운 부흥의 역사가 일어나길 기도합니다.

신랑이 신부를 기뻐함같이

네 하나님이 너를 기뻐하시리라

이사야 62:5

내 사랑아,
내 앞에서 가장 겸손한 자가
하늘나라에서 가장 높임을 받을 것이다

JESUS MY KING

08. 27

하나님나라의 사명을 가진 자는
하나님께서 끝까지 지키십니다

주께서 바다의 파도를 다스리시며

그 파도가 일어날 때에 잔잔하게 하시나이다

시편 89:9

하나님께 짐을 맡긴 자는 쉼을 얻습니다.
무거운 짐을 혼자 짊어지려 애쓰지 말고
그분께 맡기십시오.

위로의 말씀뿐 아니라
회개와 책망의 말씀도
우리를 향한 하나님의 사랑입니다.

나눔의 크기는 중요하지 않아요.
더 넉넉해진 후에 나누겠다며 미루지 말고
지금 하나님이 보여주시는 곳에 흘려보내세요.

전능하신 창조주 하나님께는
어떤 문제도 문제가 되지 않습니다.

하나님의 자녀라면
그분의 인자하심과 성실하심을
삶 속에서 기뻐 찬양해야 합니다.

하나님이 계속 마음을 불편하게 하시는데도
성적인 죄악을 뿌리치지 못하고 있다면,
더 늦기 전에 돌이켜 회개하고 기도하십시오.

08. 23

내 사랑아,
나를 영접하는 자
내 이름을 믿고 받아들이는 자는
반드시 구원을 받는단다.

하나님을 섬기고 서로 사랑하며
그분의 사랑을 온전히 전하는
'복된 가정'이 되기를 기도합니다.

08. 22

하나님은 성경 속에만 계신분이 아니라
우리 삶에 '동행'하시는 분입니다
찾고 두드리는 자에게
문을 활짝 여시는 분입니다

05. 09

하나님나라 확장을 위해
당신의 시간과 물질과 열정을
어떻게 사용하고 있나요?

08. 21

주여 태초에 주께서 땅의 기초를 두셨으며

하늘도 주의 손으로 지으신 바라

히브리서 1:10

05. 10

걱정과 욕심을 내려놓고
선한 목자이신 하나님 안에서
평안을 누리십시오.
그분의 품이 가장 안전합니다.

하나님은 품으시고 용서하시는 분이지만,
우리가 죄를 반복하여 지어도 된다고는
하지 않으셨습니다.

내 심령에 이르기를 여호와는 나의 기업이시니
그러므로 내가 그를 바라리라 하도다

예레미야애가 3장 24절

조금만 돌아보면 은혜 아닌 것이 없습니다.
지금 내 손에 성경이 들린 것도
말씀으로 깨닫게 하시는 것도
주님의 은혜임을 고백합니다.

05. 12

사단은 결코 공격을 포기하지 않습니다.
우리의 약점도 잘 알고 있지요.
항상 진리의 말씀을 가까이함으로
사단이 틈을 얻지 못하게 하십시오.

인생의 결말은 '죽음'이 아닙니다
이 땅에서의 삶이 끝나도
우리에게는 이미 약속된 하나님나라가 있습니다

기도한 대로 일이 되지 않는다고
함부로 화내지 마십시오.
하나님의 때에 그분의 뜻이 이루어지길
기도하며 기다리십시오.

하나님의 손이 당신을 돕고 계심을,
반드시 건져주실 것을 믿으십시오.
고난 너머 하나님의 뜻을 구하며
신실하신 그분을 신뢰하십시오.

05. 14

하나님은 아무리 어렵고 힘든 세대라도
그분만을 섬기며 세속에 무릎 꿇지 않는
'남은 자'를 통해 뜻을 이뤄가십니다.

08. 16

학교와 가정과 일터에서
당신의 삶이 과연 '그리스도인'다운지
점검해보는 은혜가 있기를 축복합니다.

05. 15

하나님을 더 사랑하도록 이끌어준
좋은 선생님과 동역자들의 얼굴을 떠올리며
하나님의 크신 은혜를 찬양합니다.

이는 곧 물로 씻어 말씀으로 깨끗하게 하사

거룩하게 하시고

에베소서 5:26

하나님을 사랑한다고 하면서
세상에 마음을 빼앗겨 그것을 따라간다면
그보다 부끄러운 일은 없을 것입니다.

08. 14

내 사랑아,
네게 허락한 자유의지로
언제나 믿음, 소망, 사랑을 선택하렴.

05. 17

내 사랑아,
영적 전쟁을 혼자 감당하는 건 쉽지 않단다.
서로 격려하고 끌어줄 동역자가 필요하단다.

가난할 때나 부유할 때나
형편에 상관없이 '언제나'
주님을 찬양합니다

05. 18

존귀한 자는 존귀한 일을 계획하나니

그는 항상 존귀한 일에 서리라

이사야 32:8

08. 12

억울한 일을 겪고
문제를 홀로 떠안아야 할 때,
나를 가장 잘 아시는
하나님을 기억하십시오.

05. 19

부모의 영광은
세상에서 성공한 자녀가 아니라
말씀에 순종하는 자녀입니다

젊은 날에 창조주 하나님을 기억하십시오.
그분이 당신을 지으시고
당신의 삶을 주관하심을 믿으십시오.

오늘,
하나님이 어떤 말씀을 주실지
어떻게 세밀하게 인도하실지 기대합니다.

08. 10

깨지기 쉬운 질그릇 같은 내 안에
보배로우신 예수님을 담게 해주신
그 은혜를 찬양합니다.

때로는 억울함에 눈물도 흘리지만,
먼저 화해와 용서의 손길을 내밀 수 있기를.
내 힘이 아닌 오직 그분의 사랑에 힘입어!

08. 09

젊은 사자는 궁핍하여 주릴지라도

여호와를 찾는 자는 모든 좋은 것에

부족함이 없으리로다

시편 34:10

제 안에 비교와 경쟁의식이 사라지지 않습니다.
주님, 끊어주세요. 주님, 도와주세요.

당신이 쓰임 받고 있는
모든 일의 계획과 동기를
하나님께 온전히 맡겨드리십시오.

JESUS MY KING

05. 23

그리스도 예수 안에 있는 속량으로 말미암아
하나님의 은혜로 값없이 의롭다 하심을
얻은 자 되었느니라

로마서 3:24

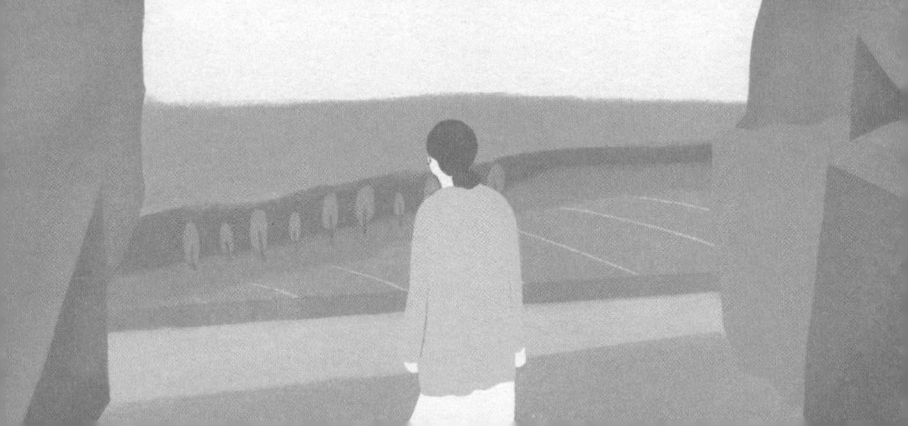

내 사랑아,
두려워하지 마라.
나는 사망 권세를 이기고
너를 생명의 끈으로 건졌단다.

내 안에 생명의 복음이 가득하게 하소서
다른 쓸모없는 것들을
마음에 두지 않게 하소서

08. 06

영원할것 같은 돈, 명예, 지식도
죽음 이후에는 다 썩어 없어지고
잊혀진다는 걸 기억하십시오

내 사랑아,
오늘도 고생이 많았구나.
내 품에서 평안히 쉼을 누리렴.

08. 05

우리가 주님 안에 있고
주님이 우리 안에 계신다면
세상이 줄 수 없는 평안을 누릴 수 있습니다.

05. 26

징계는 또 한 번의 기회임을 기억하십시오.
하나님은 우리가 죄에서 돌이켜
그분을 찾기를 기다리십니다.

무더운 여름,
매일 하나님의 말씀을 먹고 묵상하며
영과 육이 더욱 건강하기를 소원합니다.

하나님은
자기 백성이 돌아오기를 기다리시며
오래 참으십니다.

사랑은 이웃에게 악을 행하지 아니하나니
그러므로 사랑은 율법의 완성이니라

로마서 13:10

05. 28

하나님이여 주의 인자하심이
어찌 그리 보배로우신지요
사람들이 주의 날개 그늘 아래에 피하나이다

시편 36:7

08. 02

나만을 위한 기도가
타인을 위한 기도로 한 걸음 전진할 때,
자신도 기쁨을 누릴 뿐 아니라
하나님께서도 기뻐하십니다.

05. 29

하나님과 상관없는 모든 열심과
헛된 노력을 멈추고 고백하십시오
"하나님이 내 인생의 주인이십니다.
겸손히 당신만 따르겠습니다!"

하나님은 삶과 죽음,
모든 일을 주관하십니다.
'생명'이 주님께 달려있음을
겸손히 고백합니다.

때대로 우리를 거친 들로 이끌어 훈련하시지만

그곳에도 하나님의 사랑과 음성이 함께합니다

햇살콩 예나왕
365

매일 말씀으로 네 삶의 주인인
나와 동행하렴!

8

August

05. 31

하나님을 나의 왕, 나의 주인으로 고백하기에
부끄럽지 않은 삶을 살기 원합니다.

오늘도
말씀이신 주님을 묵상합니다.
사랑이신 주님을 갈망합니다.

햇살콩 예나왕
365

매일 말씀으로 네 삶의 주인인
나와 동행하렴!

6

June

삶을 전부 하나님께 맡기며
매 순간 그분을 예배함으로
쓰임 받기에 준비된
내가 되기를 기도합니다.

06. 01

하나님께서는 사람을 모두
다르게 지으셨습니다.
서로 비교하고 갈등하기 위함이 아니라
보완하고 세워주기 위함입니다.

JESUS MY KING

07. 29

너희 안에서 착한 일을 시작하신 이가

그리스도 예수의 날까지 이루실 줄을

우리는 확신하노라

빌립보서 1:6

JESUS MY KING

06. 02

나의 삶이
하나님께는 영광이요
이웃에게는 기쁨이 되길 원합니다

내 사랑아,
수 많은 결정을 하기전에
먼저 기도로 내게 도움을 요청하렴

06. 03

사랑하는 주님,
제가 보는 것과 말하는 것을 보호하소서.
제 발걸음을 인도하시고
무엇보다 마음을 지켜주소서!

07. 27

하나님을 섬기고 따르는 건
내게 여유가 생길 때까지
미룰 수 있는 일이 아닙니다.
지금 믿고 따르고 돌이켜야 합니다.

함께 모여
성령 하나님 안에서

마음껏 찬양하고 예배하며
교제하고 싶습니다.

다함없는 주님의 사랑으로
오늘도 제 입술에 찬양과 감사가
넘치게 하소서!

06. 05

대저 하나님의 모든 말씀은
능하지 못하심이 없느니라

누가복음 1:37

07. 25

그리스도의 고난이 우리에게 넘친 것같이

우리가 받는 위로도

그리스도로 말미암아 넘치는도다

고린도후서 1:5

06. 06

온 세상을 만드시고
주관하시는 하나님께서
당신을 사랑하십니다.
당신과 함께하십니다.

07. 24

수고하고 무거운 짐 진 자들아,
다 내게로 오라!
내가 너희를 쉬게 하리라.
내가 너희를 채우리라.

내 사랑아,
네 감정과 조건, 형편에 상관없이
나는 너를 사랑하기로 작정했단다

자신만을 위한 기도가 아니라
가정, 교회, 나라, 온 열방을 위한
간절한 기도를 올려드리게 하소서!

어떤 상황에서도
'기도'의 끈을 놓지 마십시오.
하나님과의 대화가
당신을 낙심에서 건져줄 것입니다.

07. 22

오늘 만나는 이들이
하나님께서 붙여주신 동역자임을 기억하며
온 맘 다해 축복하게 하소서.

06. 09

우리와 함께하시는 하나님이
모든 걸 이기셨기에
고난 중에도 기뻐할 수 있습니다.

누가 뭐래도
너는 나의 기쁨, 나의 사랑이야!

06. 10

우리는 모든 일에
하나님의 자녀답게 행동해야 합니다.
거짓으로 취하는 작은 이익보다
정직한 자에게 주어질
더 큰 상을 기대하십시오.

07. 20

사람들의 반응이 어떻든
복음을 전하십시오.
성공과 실패는 없습니다.
소망을 따라 담대히 전하십시오.

오늘 누군가가
내 마음과 말과 행동을 통해
예수님을 느끼면 참 좋겠습니다.

JESUS MY KING

07. 19

또 무엇을 하든지 말에나 일에나
다 주 예수의 이름으로 하고
그를 힘입어 하나님 아버지께 감사하라

골로새서 3:17

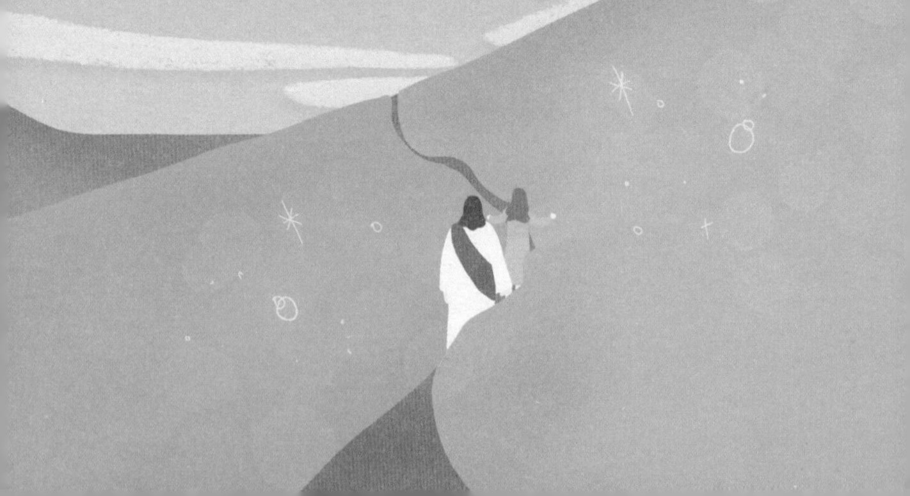

오직 여호와의 율법을 즐거워하여

그의 율법을 주야로 묵상하는도다

시편 1:2

지혜를 구하는 입술,
말씀을 듣는 귀,
그리스도의 사랑을 실천하는
손과 발을 주세요!

06. 13

하나님은 '사랑'의 하나님이자
'공의'의 하나님입니다.
한 면만 바라보면
그분을 오해할 수 있습니다.

07. 17

주님께 제게 있는것을
아낌없이 드릴게요
받은 은혜를 생각하면
아까울 게 없어요

태어날 때도 죽을 때도
빈손으로 왔다 갑니다.
이 땅에 사는 동안
주님 손만 꼭 붙잡고 살다가
주님 만나러 가렵니다.

내 사랑아,
네가 이해받은 것처럼
네가 용서받은 것처럼
다른 이를 품어주렴.

아무것도 하지 않으면서
하나님께서 도와주시기를
기다리는 건 옳지 않습니다.
그것은 욕심입니다.

아무도 나의 수고를
알아주지 않는다고 낙담하지 마십시오.
지금도 당신을 주목하고 계시는
하나님의 얼굴을 바라십시오.

06. 16

학교, 일터, 가정, 교회
제가 발걸음을 옮기는 곳마다
주님의 사랑으로 채워주세요.
메마른 마음이 새로워지길 원합니다.

늘 변함없이 당신을 지키시는 분, 그분은 예수님입니다!

하나님이 주신 것에 감사하며
더 많이 베풀고 나누는
축복의 삶을 살길 원합니다.

JESUS MY KING

06. 17

하루를 살아가는데도
'하나님의 은혜'가
꼭 필요합니다

하나님께서 우리를 이곳에 보내신
이유를 생각하고 기억하며
그분만 의지하는 것이 우리가 할 일입니다.

참 기쁨은
더 나은 환경이 아니라
더 깊은 주님과의 관계에 있습니다.

예수께서 그들에게 항상 기도하고

낙심하지 말아야 할 것을 비유로 말씀하여

누가복음 18:1

너희가 즐겨 순종하면
땅의 아름다운 소산을 먹을 것이요

이사야 1:19

마주한 상황에
'주님이라면 어떻게 하실까?'
매 순간 기도하길 원합니다

매일 일상에 성실한 자 되어
어디에도 쓰기 애매한 사람이 아니라
어느 때나 꼭 필요한 사람이 되게 하소서!

내 사랑아,
나는 너를 방치하지 않아.
지금도 너를 보호하고
돌보고 있음을 기억하렴.

하늘의 별과 달,
활짝 핀 꽃, 살랑이는 바람에
마음을 열면 하나님을 느낄 수 있습니다.

JESUS MY KING

07. 09

하나님 한 분만으로
제 안의 결핍이 해갈되며,
진정한 만족은 소유의 크고 작음이 아니라
하나님을 신뢰하는 데 있음을
깨닫게 하소서!

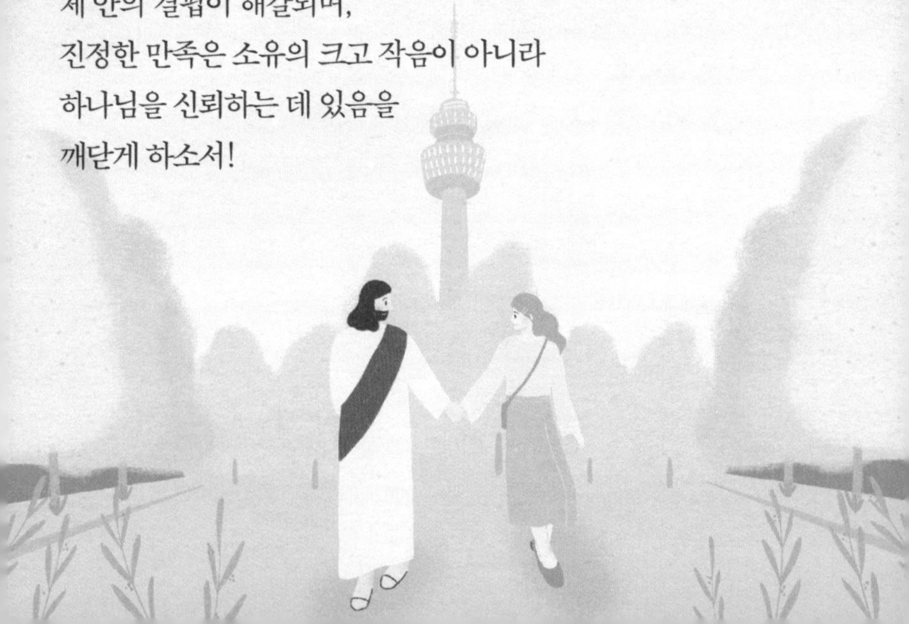

지금 서있는 이곳에서
'복음 전달자'로 살게 하시고,
우리를 통해 많은 사람이
이 기쁜 소식을 듣게 하소서!

오늘도
나를 둘러싼 문제 속에서
하늘에 계신 하나님을 바라봅니다.

06. 23

빠르게 달리다 보면
방향 감각을 잃기 쉽습니다.
'나는 왜 이 일을 하고 있지?'
잠깐 멈춰 생각하고, 주님께 여쭈십시오.

주님만이
내가 살아갈 이유,
영원한 생명과 새 힘의 근원 되십니다!

내게는 없지만 남이 가진 걸
더 크게 느끼며 갖고 싶어 합니다.
하지만 내 소유도 주님이 내게만
주신 것임을 기억해야 합니다.

07. 06

여호와의 말씀은 정직하며

그가 행하시는 일은 다 진실하시도다

시편 33:4

부지런하여 게으르지 말고
열심을 품고 주를 섬기라

로마서 12:11

07. 05

오직 말씀과 예배와 기도에
답이 있으니
더는 다른 걸 좇지 않겠습니다

JESUS MY KING

06. 26

내 사랑아,
모든 염려를 내려놓고
나만 바라보겠다고 결심하렴

작은 달란트조차
땅에 묻어두지 않고

주님의 영광을 위해
주님 나라 확장을 위해
아낌없이 쓰게 하소서!

06. 27

사람이 변하기란 참 어렵습니다.
우리의 노력으로는 절대 안 변합니다.
오직 '복음의 능력'으로 가능합니다.

07. 03

오늘도
주님을 더 알기 위해
기도와 말씀 묵상의 시간을
차곡차곡 쌓아갑니다.

내 사랑아,
더는 죄를 감추거나 방치하지 마라.
내게 자백하고 용서를 구하렴.
자꾸 무너지는 자신에게 실망할수록
내게로 나아와 은혜의 말씀을 붙들렴.

07. 02

내 사랑아,
작은 일에 충성했으니 참 잘하였다.
와서 함께 기쁨을 나누자.
이제 네게 더 많은 일을 맡길 것이다!

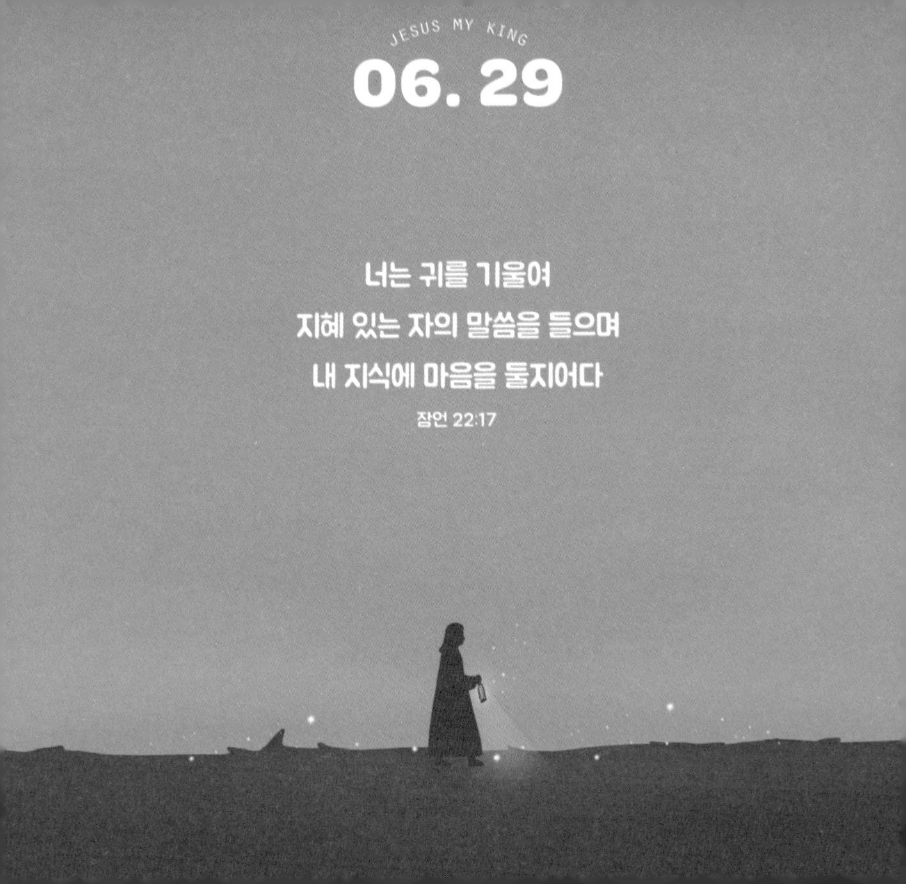
JESUS MY KING
06. 29
너는 귀를 기울여
지혜 있는 자의 말씀을 들으며
내 지식에 마음을 둘지어다
잠언 22:17

JESUS MY KING

07. 01

오래 참고
온유하며
시기하지 않는
넉넉한 하루 되게 하소서!

JESUS MY KING

06. 30

하나님의 영광에
비할 수 있는 건
아무것도 없습니다

햇살콩 예나왕
365

매일 말씀으로 네 삶의 주인인
나와 동행하렴!

7

July

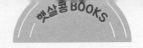

하나님의 때 & 하나님의 선물

쓰담쓰담 필사묵상노트

〈신약〉 4종, 개역개정

〈구약〉 8종, 개역개정/새번역

요한복음 로마서 사도행전 바울서신

시편 1 시편 2 시편 3 잠언

알씀 365   한줄묵상 365

365 시리즈

햇살콩 김나단×김연선

크고 높으신 주님의 사랑을 전하기 위해 SNS 공간에 글과 그림으로 복음의 씨앗을 심고 있다. 약 15만 명의 독자와 매일 말씀을 나누며 진정한 코이노니아를 이루고 있다.

부부가 함께 지은 책으로
〈쓰담쓰담 필사묵상노트 시리즈〉, 《하나님의 선물》, 《하나님의 때》,
《하나님의 때 묵상 노트》, 《햇살콩 말씀 365》,
《햇살콩 한줌묵상 365》(규장)가 있다.

 sunny_bean

sunnybeancalligraphy

dustjs3558@naver.com